# BEI GRIN MACHT SICH IHR WISSEN BEZAHLT

- Wir veröffentlichen Ihre Hausarbeit,
  Bachelor- und Masterarbeit

- Ihr eigenes eBook und Buch -
  weltweit in allen wichtigen Shops

- Verdienen Sie an jedem Verkauf

## Jetzt bei www.GRIN.com hochladen und kostenlos publizieren

**Bibliografische Information der Deutschen Nationalbibliothek:**

Die Deutsche Bibliothek verzeichnet diese Publikation in der Deutschen National-
bibliografie; detaillierte bibliografische Daten sind im Internet über http://dnb.d-
nb.de/ abrufbar.

**Impressum:**

Copyright © 2019 GRIN Verlag
Druck und Bindung: Books on Demand GmbH, Norderstedt Germany
ISBN: 9783668965270

**Dieses Buch bei GRIN:**

https://www.grin.com/document/476758

Felix Winter

# Differentielle Psychologie und Persönlichkeitspsychologie

## Eine Untersuchung über Intelligenzmodelle und Persönlichkeitstypologien

GRIN Verlag

**GRIN - Your knowledge has value**

Der GRIN Verlag publiziert seit 1998 wissenschaftliche Arbeiten von Studenten, Hochschullehrern und anderen Akademikern als eBook und gedrucktes Buch. Die Verlagswebsite www.grin.com ist die ideale Plattform zur Veröffentlichung von Hausarbeiten, Abschlussarbeiten, wissenschaftlichen Aufsätzen, Dissertationen und Fachbüchern.

**Besuchen Sie uns im Internet:**

http://www.grin.com/

http://www.facebook.com/grincom

http://www.twitter.com/grin_com

# Einsendeaufgaben

SRH Fernhochschule

Studiengang: Wirtschaftspsychologie

Von

Felix Winter

# Abkürzungsverzeichnis

| | |
|---|---|
| MBTI | Myers-Briggs Typenindikator |
| USA | United States Of America |

# Aufgabenteil A1

Die differentielle Psychologie beschäftigt sich mit den Unterschieden bezüglich der Persönlichkeit zwischen Individuen. Während die Allgemeine Psychologie (meist durch Experimente) versucht, generelle Tendenzen einer Population festzustellen, geht es in der differentiellen Psychologie um das Festhalten und Erklären der interindividuellen Unterschiede im Verhalten in der Population. Von der Beobachtung von konkreten Verhaltensweisen werden bestimmte Persönlichkeitsdispositionen (und damit die das Individuum differenzierenden Persönlichkeitseigenschaften) abgeleitet, die in ihrer Gesamtheit (zusammen mit physischen Merkmalen) Persönlichkeit als theoretisches Konstrukt ausmachen (Asendorpf, 2015, S. 6-7).

Die differentielle Psychologie ist eng verwoben mit der Persönlichkeitspsychologie, so dass die beiden Begriffe deshalb hier wie auch allgemein synonym verwendet. Die Abgrenzung zur klinischen Psychologie erfolgt über den Grad der Dispositionen. Fällt dieser in den Bereich der Normalvarianten, ist die differentielle Psychologie zuständig. Ist eine Disposition so stark ausgeprägt, dass sie als „pathologisch" bezeichnet werden muss, beansprucht die klinische Psychologie die Zuständigkeit für sich (Asendorpf, 2004, S. 11).

Es haben sich im Laufe der Zeit viele, teilweise von einem stark unterschiedlichen Menschenbild ausgehende, und von anderen Bereichen der Psychologie beeinflusste Theorien zur Erklärung von Persönlichkeit gebildet. Als Beispiel sei hier der Gegensatz zwischen biologischen Ansätzen, welche eine Fundierung der Persönlichkeit in den biologischen Voraussetzungen vermuten, und psychodynamisch-interaktionistisch geprägten Ansätzen, die auch von einer möglicherweise starken grundsätzlichen Veränderung der Persönlichkeit im späteren Leben (durch Umwelteinflüsse, anatomische Veränderungen, ...) ausgehen. Laut Asendorpf sind in der heutigen Persönlichkeitspsychologie neben evolutionspsychologischen Ansätzen hauptsächlich die Eigenschaftstheorie, die Informationsverarbeitungstheorie und der dynamisch-interaktionistische Ansatz von Bedeutung (Asendorpf, 2004, S. 15-16).

Die Eigenschaftstheorien der Persönlichkeitspsychologie gehen davon aus, dass sich jeder Mensch in seiner Persönlichkeit (also der Gesamtheit seiner Persönlichkeitseigenschaften) von jedem anderen Menschen unterscheidet („kein Ei gleicht dem anderen"). Gleichzeitig akzeptieren die Theorien aber auch, dass Individuen einer Population grundlegende Eigenschaften teilen können. Definitionsgemäß gehören solche Gemeinsamkeiten aber nicht zur Persönlichkeitspsychologie an sich, die sich nur mit der Variabilität in der Population beschäftigt. Was genau die Persönlichkeitspsychologie unter „Persönlichkeitseigenschaften" (engl. „traits") versteht, wird im Folgenden erläutert.

Nach Asendorpf sind Persönlichkeitseigenschaften im alltagspsychologischen Verständnis „Dispositionen und leicht beobachtbare körperliche Merkmale". Eine Disposition definiert er alltagspsychologisch weiter als „ein Merkmal einer Person, das eine mittelfristige zeitliche Stabilität aufweist, d. h. zumindest Wochen oder Monate überdauert. Eine Disposition disponiert die Person dazu, in bestimmten Situationen ein bestimmtes Verhalten zu zeigen." (Asendorpf, 2015, S. 3).

Pervin, Cervone und John nennen Persönlichkeitswesenszüge (=übergeordnete Persönlichkeitseigenschaften) „konsistente(n) Muster, wie Individuen sich verhalten, wie sie fühlen und denken" (Cervone, John & Pervin, 2005, S. 283).

Da Gefühle und Gedanken aber nicht konkret beobachtbar sind, sind Persönlichkeitseigenschaften und darauf aufbauende Begriffe also als hypothetische Konstrukte zu verstehen, die aus der Beobachtung von Verhaltensweisen eines Individuums über einen längeren Zeitraum erschlossen werden. Eine solche Erklärung hängt immer vom Beobachter und Beurteiler des Verhaltens ab, die differentielle Psychologie hat als empirische Wissenschaft aber auch dementsprechende Ansprüche. Daraus ergibt sich, dass dieses Verständnis von Persönlichkeitseigenschaften für die weitere wissenschaftliche Behandlung nicht ausreichend ist.

Viele moderne eigenschaftstheoretischen Ansätze gehen davon aus, dass in der Sprache grundsätzlich Wörter zur Beschreibung aller Persönlichkeits-eigenschaften existieren. Die differenzierende Natur der Sprache bedingt, dass es von „zeitlich stabilen Merkmalen von Personen" zu viele gibt, um sie alle wissenschaftlich zu behandeln. Ostendorf versuchte, persönlichkeitsbeschreibende Adjektive in der deutschen Sprache zu finden, und stellte fest, dass mehr als 5.000 von den ~12.000 Adjektiven im Deutschen zur Beschreibung von Personen verwendet werden können (Ostendorf, 1990; zitiert nach Asendorpf, 2015, S. 5). Im englischen Sprachbereich fanden Allport und Odbert gar 18.000 solcher Adjektive (Allport & Odbert, 1936).

Grundlegende wissenschaftliche Ansprüche wie Objektivität, Logik und Explizitheit können also durch die alltagspsychologische Sichtweise (nach der ja auf eine gewisse Art jedes Adjektiv eine Persönlichkeitseigenschaft sein kann) nicht erfüllt werden.

Um solchen Ansprüchen an eine wissenschaftliche Arbeitsmethode trotzdem gerecht zu werden, beschäftigen sich die psycholexikalischen Ansätze der Persönlichkeitspsychologie mit der Klassifikation und Kategorisierung dieser Vielzahl an persönlichkeitsbeschreibenden Adjektiven. Dabei wird auf unterschiedliche Weise versucht, unter all den persönlichkeitsbeschreibenden Wörtern einige grundlegende Dimensionen festzustellen. Die Entwicklung statistischer Methoden wie der Faktorenanalyse hilft dabei, die Liste der Wörter immer weiter einzugrenzen. Es ist jedoch selbst mit solchen Verfahren schwierig, einheitlich akzeptierte Persönlichkeitsdimensionen herzuleiten: Die subjektive Bewertung der durchführenden Person sowie die Art des angewandten Verfahrens haben einen nicht zu vernachlässigenden Einfluss auf die Ergebnisse. Nach der Kombination verschiedener Verfahren mit unterschiedlichen Wörter-Datensätzen wird versucht, aus den Ergebnissen grundsätzliche Persönlichkeitsdimensionen abzuleiten. Dementsprechend existieren viele verschiedene Klassifikationen und Unterteilungen in Dimensionen. Zu den bekanntesten gehören die Big Five von Costa/McCrae sowie der 16-Persönlichkeitsfaktoren-Test von Cattell (Becker, 2014a, S. 40-50). Auf die konkrete Operationalisierung von Persönlichkeitseigenschaften und damit die „Messung" der Persönlichkeit soll an dieser Stelle nicht weiter eingegangen werden. Sie findet sich in der Literatur, speziell bei Asendorpf und Amelang, Bartussek, Hagemann & Stemmler.

Da ein Ziel der Persönlichkeitspsychologie das Erklären von Verhalten ist, und eine gewisse intrapersonelle Variabilität im Verhalten bei gleichbleibender Persönlichkeit empirisch leicht belegbar ist, muss auch jede Persönlichkeitstheorie die das Verhalten beeinflussende Interaktion zwischen Umwelt und Persönlichkeit behandeln. So wird festgemacht, in wie weit das beobachtete Verhalten denn auch tatsächlich durch die Persönlichkeit bestimmt ist (Cervone, John & Pervin, 2005, S. 48).

Es gilt heutzutage als generell akzeptiert, dass neben Persönlichkeitseigenschaften auch die jeweiligen situativen Bedingungen das individuelle Verhalten beeinflussen. Sowohl Experimente als auch alltägliche Beobachtungen zeigen, dass niemand in seinem Verhalten immer exklusiv durch seine Persönlichkeit gesteuert wird. Selbst der sonst eigentlich geduldigste Lehrer kann ungeduldiges Verhalten zeigen, wenn er mit einem Schüler spricht, der ihn in den letzten Tagen schon mehrmals genervt hat. Und im Stress der letzten Tage vor einer Prüfung können einem sonst höflichen Studenten unfreundliche Worte herausrutschen. Dies bedeutet nicht sofort, dass der Lehrer eine ungeduldige oder der Student eine unfreundliche Persönlichkeit besitzt. Um solche intraindividuellen Diskrepanzen zwischen Persönlichkeit und beobachtetem Verhalten zu erklären, existiert das Konzept der Zustände („states") als zweites verhaltenserklärendes Konzept. Im Gegensatz zu Persönlichkeitseigenschaften, die zeitlich zumindest mittelfristig stabil sein müssen, können diese Zustände sich kurzfristig ändern. Betrachtet man Eigenschaften und Zustände einheitlich als verhaltenserklärend, „...könnte man von den Eigenschaften als den *relativ* stabilen und überdauernden, von Zuständen hingegen als den *relativ* veränderlichen und zeitgebundenen Charakteristika sprechen, die beide allerdings auf *einem* Kontinuum angeordnet sind." (Amelang, Bartussek, Hagemann & Stemmler, 2011, S. 61).

Mit dem Konzept der Zustände versucht man, intraindividuelle Unterschiede im Verhalten in gleichen oder ähnlichen Situationen zu erklären. Zustände werden dabei durch Umwelteinflüsse beeinflusst. Wenn Eigenschaften und Zustände also gemeinsam das Verhalten erklären, so muss eine Verhaltensweise, die nicht durch Persönlichkeitseigenschaften erklärbar ist, durch Zustände erklärbar sein. Das bedeutet, dass für jede Eigenschaft in gewissen Maße ein korrespondierender Zustand existieren muss. Dabei können Zustände, wie Eigenschaften auch, jede Ausprägung zwischen den beiden Extremen besitzen („Todesangst" bis „überhaupt keine Angst") (Amelang, Bartussek, Hagemann & Stemmler, 2011, S. 61).

Eine Persönlichkeitseigenschaft beeinflusst das Verhalten niemals in zwei Situationen genau gleich, sondern die Eigenschaft wird immer vom aktuellen Zustand beeinflusst, und bestimmt das konkrete Verhalten im Zusammenspiel mit diesem. Während eine Person mit der Eigenschaft „ängstlich" also auf Situationen hoher Unsicherheit dazu neigt, mit Angst zu reagieren, kann auch eine wenig ängstliche Person situativ Angst zeigen, wenn dementsprechende Umwelteinflüsse vorliegen. Selbst bei der unveränderlich scheinenden Eigenschaft der Intelligenz gibt es inzwischen Anhaltspunkte, dass sie situativ beeinflussbar ist. Beispielsweise führt Schlafmangel zu schlechteren kognitiven Leistungen (Killgore, 2010, S. 105-129). Allerdings ist der situative Einfluss für manche Persönlichkeitseigenschaften so gering, dass er von vielen Theoretikern gar nicht erst diskutiert wird.

In der Praxis bedeutet dies, dass es wenig Sinn macht, jemandem auf Basis seines Verhaltens in einer einzigen Situation bestimmte Persönlichkeitseigenschaften zu unterstellen. Im oben aufgeführten Beispiel des ungeduldigen Lehrers könnte ein Zustand der Irritabilität/Ungeduld durch die Kombination aus mehreren Umwelteinflüssen zustande gekommen sein: morgens kippte er sich aus Versehen eine Tasse Kaffee über die Hose, dann kam er wegen heftigem Verkehr fast zu spät zur Schule, er empfand einen Stresszustand, und dann kam noch hinzu, dass ihn wie jede Stunde schon wieder der gleiche Schüler mit seinen dummen Fragen auf die Nerven geht!

Viele Unternehmen versuchen, bei Bewerbungsverfahren die Persönlichkeiten der Kandidaten mit Hilfe von Assessment-Center Verfahren zu beurteilen. Allerdings sind solche Verfahren aus verschiedenen Gründen nur bedingt verlässlich. So beziehen sie beispielsweise situative Variablen nicht mit ein.

Prinzipiell ist es möglich, den Einfluss von Zuständen auf die Ergebnisse einer Verhaltensbeobachtung zu minimieren (also das Ausmaß der situativen Variabilität der Persönlichkeit festzustellen), allerdings würde dies bedeuten, über einen längeren Zeitraum und mit variierenden situativen Variablen die gleiche Verhaltensbeobachtung durchzuführen. Dies kann z. B. ein mehrtägiges Assessment Center mit sich wiederholenden Situationen besser erfüllen als ein eintägiges Assessment. Deshalb lohnt es sich aus praktischen sowie finanziellen Gründen meist nur bei Bewerbern für hochqualifizierte Stellen. Die intraindividuelle, situative Variabilität der Persönlichkeit kann jedoch nicht vollständig eliminiert werden. Das Assessment-Center stellt an sich eine ungewohnte Situation dar, sie sich oft stark vom normalen Arbeitsalltag unterscheidet. Dadurch können Zustände verursacht werden, die wiederum die Ausprägung beobachteten Verhaltens durch die Persönlichkeit beeinflussen. Alleine das Wissen darum, dass es sich bei dem Assessment Center um eine Prüfungssituation handelt, könnte bei einem Bewerber zu einem Angst- oder Aufregungszustand führen (der das Verhalten beeinflusst), den der Bewerber aber ansonsten in normalen Berufsalltagssituationen nicht empfindet. Vielleicht verhält sich der Bewerber aber auch nur anders, weil ihm der Leiter des Centers unsympathisch ist. Abweichungen des Verhaltens von der Persönlichkeit könnten im Zusammenhang mit Assessment Centern so erklärt werden und zeigen, dass eine länger andauernde Beurteilung einem kurzen Assessment Center vorzuziehen ist.

# Aufgabenteil A2

Betrachtet man Asendorpfs alltagspsychologische Definition, fällt deren Schwammigkeit auf: Alltagspsychologisch wird unter Intelligenz die „Fähigkeit, intellektuelle Leistungen zu erbringen" verstanden (Asendorpf, 2004, S. 184). Was eine intellektuelle Leistung ist, wird aber nicht weiter definiert. Im alltagspsychologischen Verständnis herrscht also nach Asendorpf nur ein sehr grober Konsens hinsichtlich einer klaren Definition von Intelligenz.

Auch im wissenschaftlichen Sinne gibt es bis heute keine allgemein akzeptierte Definition der Intelligenz. Stattdessen bauen die unzähligen Theorien zur Intelligenz auf unterschiedliche Verständnisse des Begriffes. Bei den meisten Theoretikern unterscheidet sich dieses Verständnis allerdings nur unwesentlich. Während also sowohl alltagspsychologisch als auch wissenschaftlich die genauen Details noch ungeklärt sind, herrscht sehr wohl ein gewisser Konsens über eine grobe Abgrenzung der Intelligenz zu anderen Persönlichkeitseigenschaften. Weil aber keine eindeutige wissenschaftliche Definition existiert, die nennenswert über das alltagspsychologische Verständnis der Intelligenz hinausgeht, wird die Forschung zu dem Thema weniger von verbalen Definitionen ausgehend betrieben, vielmehr erfolgt die Definition der Intelligenz über die Verfahren zur Messung ihrer Ausprägung (=operationale Definition) (Amelang, Bartussek, Hagemann & Stemmler, 2011, S. 139).

Trotz fehlender disziplinübergreifender verbaler Definition ist die Intelligenz unter allen psychologischen Persönlichkeitseigenschaften eine der am meisten untersuchten. Nicht zuletzt könnte dies auch an der hohen Vorhersagekraft der Intelligenzleistung bezüglich schulischem, beruflichem und persönlichem Erfolg liegen (Amelang, Bartussek, Hagemann & Stemmler, 2011, S. 138).
Im Folgenden werden nun drei unterschiedliche Theorien zur Intelligenz vorgestellt und voneinander abgegrenzt.

# Spearmans Zweifaktorentheorie

Charles E. Spearman entwickelte ein Modell der Intelligenz, das auf zwei Faktoren basiert. Er begründete seine Arbeit in der Intelligenzforschung auf seiner Erfahrung in Statistik, genauer in der Faktorenanalyse (Williams, Zimmerman, Zumbo & Ross, 2003, S. 114-117).

Nach statistischer Analyse der Ergebnisse von Intelligenztests von Kindern stellte er fest, dass eine intraindividuelle Korrelation zwischen den Ergebnissen in verschiedenen Tests besteht, egal welchen spezifischen Intelligenzaspekt (numerisch, sprachlich, ...) der Test untersucht. Daraus schloss Spearman, dass eine grundlegende Intelligenz, ein „Generalfaktor" der Intelligenz, existiert, der die Bearbeitung aller kognitiven Aufgaben beeinflusst. Zusätzlich gibt es laut Spearman noch aufgabenspezifische Fähigkeiten, die die intraindividuelle Varianz zwischen verschiedenen Aufgabenbereichen erklären sollte. Spearman bezeichnete den Generalfaktor der Intelligenz mit dem Buchstaben $g$, die aufgabenspezifischen Fähigkeiten mit dem Buchstaben $s$. Dabei ist der Generalfaktor $g$ hierarchisch über den aufgabenspezifischen Fähigkeiten angeordnet, d. h. er beeinflusst das Ergebnis eines Tests (im Durchschnitt über verschiedene Tests hinweg) stärker als der Aufgabenspezifische Teil $s$ (Amelang, Bartussek, Hagemann & Stemmler, 2011, S. 144-146).

Die aufgabenspezifischen Fähigkeiten betrachtete Spearman als voneinander unabhängig, eine Sichtweise, die in der weiteren Forschung nicht bestätigt werden konnte. Beispielsweise zeigte sich später eine eindeutige Korrelation zwischen numerischen und räumlichen Fähigkeiten. Spearman selbst entwickelte seine Theorie deshalb mit der Einführung von „speziellen Generalfaktoren" weiter, um auch diese Korrelationen zu erklären (Amelang, Bartussek, Hagemann & Stemmler, 2011, S. 146-147).

Die Zweifaktorentheorie ist wegen ihrer Einfachheit und empirischen Plausibilität eine der am weitesten verbreiteten Theorien zur Intelligenz. Sie ist Basis für viele weiterentwickelte Theorien sowie Tests zur Messung von Intelligenz (Becker, 2014a, S. 92-94).

# Modell der multiplen Intelligenzen von Howard Gardner

Howard Gardner kritisierte an vorherigen Intelligenzmodellen, dass sie auf Grund des pädagogischen Ursprungs der Intelligenzforschung nur einen gesellschaftlich erwünschten, schulischen Teil der Intelligenz beschreiben. Im Gegensatz zu vorherigen Theorien verwendete Gardner außerdem nicht etwa die Faktorenanalyse, um Intelligenzkategorien zu separieren. Stattdessen betrachtete er bei der Entwicklung seines Modells unter anderem die Auswirkungen von Hirnschäden, sowie Menschen mit speziellen Hochbegabungen oder anderen Besonderheiten. Aus seinen Beobachtungen leitete Gardner sieben, voneinander unabhängige, Intelligenzkategorien ab: die logisch-mathematische, die linguistische, die visuell-räumliche, die musikalische, die körperlich-kinästhetische, die sozial-interpersonale und die sozial-intrapersonale Intelligenz. Die Unabhängigkeit dieser Kategorien begründete er u. a. mit Beispielen, in denen lokale Läsionen zu einer Beeinträchtigung in einer Kategorie führten, eine andere Kategorie aber nicht beeinflusst war (Amelang, Bartussek, Hagemann & Stemmler, 2011, S.207).

Später postulierte Gardner noch die Existenz einiger weiterer separate Kategorien, neben naturalistischer Intelligenz führte er beispielsweise auch eine generelle Lebensintelligenz oder eine ethische Intelligenz ein. Weiter ging Gardner davon aus, dass Intelligenz genetisch bedingt ist, aber durch Umwelteinflüsse je nach Intelligenzbereich mehr oder weniger stark beeinflusst werden kann. So sei die sozial-interpersonelle Intelligenz zu einem gewissen Grad durch Sozialisation „erlernbar" (Friedman & Schustack, 2004, S. 300-301).

Auf Grund der für viele Teile der Theorie ausbleibenden empirischen Belege wird Gardners Intelligenzmodell heftig kritisiert. Die angebliche Unabhängigkeit einzelner Intelligenzbereiche konnte mehrfach widerlegt werden. Gardners Weiterentwicklungen bezüglich weiterer Intelligenzarten werden gar als „pseudowissenschaftlicher Hokuspokus" bezeichnet (Amelang, Bartussek, Hagemann & Stemmler, 2011, S. 207-208).

Trotz der Kritik hat Gardners Theorie im Bereich der Pädagogik „sehr großen Einfluss gewonnen" (Friedman & Schustack, 2004, S. 300-301).

Einige von Gardner postulierte Arten von Intelligenz (gerade die interpersonelle Intelligenz) wurden auch von anderen Wissenschaftlern vorgeschlagen und empirisch belegt (Friedman & Schustack, 2004, S. 300-301).

## Guilfords Intelligenzstrukturmodell

Auch Guilfords Intelligenzmodell unterscheidet sich wieder grundsätzlich von vorherigen Modellen. An Stelle eines hierarchischen Modells mit einer generellen Intelligenz versuchte Guilford, die Informationsverarbeitungsprozesse, die zur Denkleistung führen, aufzuschlüsseln. Guilford unterteilte dementsprechend die Intelligenz in Input-Variablen, Operationale Variablen, und Output-Variablen (Amelang, Bartussek, Hagemann & Stemmler, 2011, S. 155-158).

Guilford unterschied vier Arten von „Inhalten" (figural, symbolisch, semantisch, behavioral), die über das Ausführen von fünf „Operationen" (Kognition, Gedächtnis, Evaluation, Divergente Produktion, Konvergente Produktion) zu einem von sechs „Produkten" führen (Einheiten, Klassen, Beziehungen, Systeme, Transformationen, Implikationen). Jeder Informationsverarbeitungs- prozess kann also aufgeteilt werden in einen Inhalt, eine Operation und ein Produkt. Somit ergeben sich 120 Arten von Informationsverarbeitungsprozessen in Form eines dreidimensionalen Würfels. Hier sei vermerkt, dass gelegentlich auditorische Inhalte als fünfte Inhaltsart eingeführt werden, womit sich 150 Arten von Prozessen ergeben würden. Ähnlich wie Gardner bezeichnet auch Guilford die einzelnen Prozesse als voneinander unabhängig, was empirisch auch hier nicht bestätigt werden konnte (Amelang, Bartussek, Hagemann & Stemmler, 2011, S. 155-158; Barlow, 2000).

Da Guilfords Modell intuitiv etwas weniger verständlich ist als die beiden anderen vorgestellten Modelle, sei hier ein Beispiel der Aufschlüsselung eines Informationsverarbeitungsprozesses genannt: Stellt sich ein Künstler vor dem „inneren Auge" ein Bild eines Quadrates vor, das er morgen malen will, stellt das Bild einen „figuralen Inhalt" dar, den er sich mit Hilfe „divergenter Produktion" (das „vorstellen") als „Einheit" (ein einzelnes Quadrat) vorstellt (Barlow, 2000).

An Guilfords Modell wird unter anderem kritisiert, dass zwischen den Faktoren empirisch immer noch Korrelationen herrschen, sich das Modell also eigentlich auf weniger Faktoren reduzieren lassen sollte. Außerdem seien Guilfords wissenschaftliche Methoden heutzutage nicht mehr haltbar (Amelang, Bartussek, Hagemann & Stemmler, 2011, S. 155-158).

## Diskussion

Grundsätzlich lässt sich sagen, dass eine Vielzahl verschiedener Intelligenzmodelle existiert. Die drei beispielhaft vorgestellten Modelle unterscheiden sich unter anderem in Komplexität, hierarchischer Struktur und ihrer Herleitung. Während also Spearman eine übergeordnete Intelligenz vermutet, gibt es in Gardners und Guilfords Modellen nur voneinander unabhängige, aufgabenspezifische Eigenschaften. Gardners Modell ist eines der wenigen, die nicht auf der statistischen Auswertung von Intelligenztests basieren, sondern stattdessen auf dem Versuch, das Gehirn mit Hilfe der Beobachtung von Einzelfällen zu verstehen.

Trotz der Unterschiede gibt es viele Gemeinsamkeiten. Die Vermutung, dass es für bestimmte Aufgaben zuständige Intelligenzen gibt, ist bei allen drei Modellen vorhanden. Obwohl es den empirischen Beobachtungen widerspricht, gehen alle drei Modelle davon aus, dass die spezifischen Intelligenzen dabei voneinander unabhängig sind. Gleichzeitig akzeptieren sowohl Gardner als auch Guilford (und implizit auch Spearman), dass nicht nur numerische oder sprachliche Fähigkeiten zur Intelligenz gehören, sondern auch beispielsweise soziale oder musikalische. Diese Vorstellung wird heute von vielen Wissenschaftlern akzeptiert und die meisten Modelle zur Intelligenz inkludieren neben numerisch- und sprachlich-logischen Komponenten auch solche Komponenten.

Es wurde bereits angesprochen, dass Intelligenz eine hohe Vorhersagekraft bezüglich des Erfolgskonzeptes hat. Intelligente Kinder haben später im Leben wahrscheinlicher Erfolg in allen Lebensbereichen als weniger kognitiv leistungsfähige. Nicht nur im kindlich-pädagogischen Bereich werden

Intelligenztests deshalb gerne verwendet, um Personen zu beurteilen und Kandidaten auszuwählen. Doch ist ein Intelligenztest überhaupt sinnvoll? Wie verhält es sich mit der Voraussagekraft von Intelligenztests bezüglich spezifischer Erfolgskriterien?

Grundsätzlich ist die Sinnhaftigkeit von Intelligenzmessungen abhängig von der Art des Tests und damit der zugrundeliegenden Definition von Intelligenz. Da aber die meisten Intelligenztests nur einige wenige Bereiche der Intelligenz testen (meist numerische, sprachliche, räumliche Intelligenz), ist die Vorhersagekraft für Situationen, in denen andere Fähigkeiten (soziale /emotionale Intelligenz) gefragt sind, gering. Gute kognitive Fähigkeiten sind nicht unbedingt ein Prädiktor, wie kompetent in sozialen Situationen reagiert wird.

Im schulischen Bereich gehört das Testen der Intelligenz zu den besten Prädiktoren bezüglich der Notenleistung der Schüler. Jedoch wird hier angemerkt, dass auch der Antrieb / die Leistungsmotivation (drive) eine starke Korrelation zum Notenerfolg aufweist (Ridgell & Lounsbury, 2004). Eine ähnliche Erkenntnis, bezogen auf die Arbeitsergebnisse in Organisationen, findet sich auch bei Adler, Chamorro-Premuzic und Kaiser: Neben dem vorhersagekräftigsten Faktor, der Intelligenz, seien auch soziale Kompetenzen und der Antrieb gute Prädikatoren dafür, wer in Organisationen die Mehrheit der Arbeit leistet (Adler, Kaiser & Chamorro-Premuzic, 2017). Ein Test mit ausschließlichem Fokus auf die kognitiven Fähigkeiten könnte also nicht genug sein, um potentielle Kandidaten verlässlich zu beurteilen.

Auch Grant gesteht emotionaler Intelligenz ein gewisses Gewicht zu, jedoch warnt er davor, im Zusammenhang von Einstellungsprozessen zu sehr auf solche nicht-kognitiven, Fähigkeiten zu setzen. Kognitive Fähigkeiten (traditionelle Intelligenz) hatten für Verkäufer in der von Grant durchgeführten Studie einen fünfmal höheren Prädikationswert für die Anzahl getätigter Verkäufe als emotionale Intelligenz (Grant, 2014).

Aufgabenteil A3

Bei der Frage, ob man dem Anspruch einer genügend differenzierten Beschreibung von Persönlichkeit durch die Einteilung in wenige verschiedene Typen gerecht werden kann, weil Persönlichkeitseigenschaften gehäuft in bestimmten Konstellationen auftreten, oder ob einzelne Dimensionen der Persönlichkeit unabhängig voneinander sind, scheiden sich seit jeher die Geister. Der typologische Ansatz ist dabei schon seit der Antike bekannt, damals teilten griechische Philosophen Menschen in Choleriker, Phlegmatiker, Sanguiniker und Melancholiker ein (Becker, 2014a, S. 21). Schon damals gingen sie davon aus, dass jeder Persönlichkeitstyp spezifische Eigenschaften hat (so sollten Choleriker z. B. jähzornig und unausgeglichen sein), die jeweiligen Eigenschaften sollten nach dieser Vorstellung immer nur als gemeinsamer Satz in Form der vier Typen auftreten.

Persönlichkeitstypen werden also einzelnen Persönlichkeitseigenschaften übergeordnet, und solche Ansätze gehen davon aus, dass die untergeordneten Eigenschaften nur (oder zumindest oft) gemeinsam in Form dieses Persönlichkeitstyps vorkommen. Dies bedeutet dementsprechend, dass Persönlichkeitstypologien eine Simplifikation für den alltäglichen Gebrauch darstellen. In typologischen Persönlichkeitskonzepten besitzen die Persönlichkeitstypen kategorisch unterschiedliche Charakteristika, nicht nur unterschiedliche Ausprägungen derselben Dimensionen wie in Dimensions- modellen (Cervone, John & Pervin 2005, S. 34).

Eine solche Persönlichkeitstypologie ist die Typenlehre von Carl Gustav Jung. Jung ging davon aus, dass jeder Mensch von Grund auf entweder introvertiert oder extrovertiert ist. Gleichzeitig gibt es laut Jung vier Grundfunktionen der Psyche: Denken, Empfinden, Fühlen und Intuition. Diese vier Funktionen, kombiniert mit den zwei grundlegenden Arten von Persönlichkeit (Jung nennt sie „Persönlichkeitseinstellungen"), ergeben acht eigenständige Persönlichkeitstypen. Einer dieser Typen wäre beispielsweise eine extrovertiert intuitive Persönlichkeit (Amelang, Bartussek, Hagemann & Stemmler, 2011, S. 347-348).

Der Myers-Briggs Typenindikator (MBTI) dient der (um zwei Faktoren erweiterten) Bestimmung der Typenzugehörigkeit dieses Modells. Obwohl der MBTI in der Wirtschaft regelmäßig eingesetzt wird (zumindest in den USA), ist zu beachten, dass er wissenschaftlich nicht als valide und zuverlässig akzeptiert wird (Amelang, Bartussek, Hagemann & Stemmler, 2011, S. 348).

Dimensionale Beschreibungen der Persönlichkeit gehen, anders als Typologien, davon aus, dass der Mensch auf jeder der Dimensionen des Modells eine Ausprägung zwischen den beiden Extremen besitzt. Nach diesen Ansätzen gibt es also keine „feste Anzahl" an Persönlichkeitstypen, sondern vielmehr unendlich viele Typen, die durch die Kombination der Ausprägungen auf den verschiedenen Dimensionen entstehen. Die bekannteste dimensionale Beschreibung der Persönlichkeit ist das fünf-Faktoren-Modell. Es existiert in verschiedenen Variationen, die aber meist die gleichen (oder zumindest ähnliche) fünf Aspekte der Persönlichkeit unterscheiden: Extraversion, Verträglichkeit, Gewissenhaftigkeit, Emotionale Stabilität sowie Offenheit für Erfahrungen (von Norman auch „Kultiviertheit" genannt). Diese „big five", wie sie auch von Goldberg bezeichnet wurden, wurden durch Faktorenanalyse (datenreduzierendes statistisches Verfahren) aus den Listen persönlichkeits-beschreibender Wörter früherer lexikalischer Persönlichkeits-eigenschaftsansätze abgeleitet und befinden sich auf höchstmöglicher Abstraktionsebene (Amelang, Bartussek, Hagemann & Stemmler, 2011, S. 267-268).

Jeder Mensch besitzt zu jeder der fünf Dimensionen eine Ausprägung, die zwischen den negativen und positiven Extremen liegt. Hierarchisch unter den Primärfaktoren (= Dimensionen) befinden sich Facetten der spezifischeren Ausprägung der jeweiligen Dimension. Da „big five" Modelle faktorenanalytisch hergeleitet sind, könnte man prinzipiell auch die Facetten immer weiter in einzelne Eigenschaften unterteilen (Becker, 2014a, S. 45-50).

Die „big five" sind für die Persönlichkeitsforschung äußerst bedeutend, weil sie durch die Wiederholung der faktorenanalytischen Verfahren mit Variationen der Liste der personenbeschreibenden Wörter immer wieder durch Studien und

Metaanalysen bestätigt werden konnte, dies gilt sogar kultur- und sprachübergreifend. Dabei gab es zwar geringfügige Abweichungen, die grundlegenden Dimensionen blieben aber weitestgehend bestehen (Cervone, John & Pervin, 2005, S. 325-328).

Gleichzeitig wurden die Tests zum „big five" Konzept, im Gegensatz zum Myers-Briggs Test, mit wissenschaftlich fundierten Methoden entwickelt. Aus diesen Gründen ist das Fünf-Faktoren-Modell eines der wenigen, welche sich gegenüber anderen Modellen in weiten Teilen der Welt durchgesetzt haben (Becker, 2014b, S. 72-73). Wegen der wissenschaftlichen Methodik und der weiterreichenden Differenzierung durch die Betrachtung jeder Dimension als ein Eigenschaftsspektrum, kann man durchaus sagen, dass „big five" Tests den typologischen Ansätzen überlegen sind. Ergebnisse dieser Testverfahren besitzen durchaus einen gewissen Prädiktorwert für Erfolg im Beruf (Sackett & Walmsley, 2014, S. 550-551).

Trotz Kritik stellen Persönlichkeitstypologische Tests (wie der MBTI) teilweise ein (zumindest in den USA) in der Wirtschaft häufig verwendetes Konzept zur Beurteilung von Personen dar. Kritiker bemängeln neben der Kategorisierung von Menschen („Schubladendenken") und den häufig unwissenschaftlichen Methoden solcher Tests, dass Typologien eine absolute wechselseitige Abhängigkeit der einem Typ untergeordneten Eigenschaften implizieren, was durch empirische Beobachtungen oft widerlegt werden kann (Becker, 2014a, S. 20-22).

Da dimensionale Ansätze jede beliebig hohe Ausprägung jeder Dimension (und jeder untergeordneten Facette) zulassen, erklären sie besser, warum ein Mensch zwar generell schweigsam, aber trotzdem unternehmungslustig sein kann (zwei Eigenschaften, die in Jungs Typenlehre der Extraversion auf gegensätzlichen Ausprägungsrichtungen untergeordnet sind).

Obwohl typenbasierte Testverfahren in den USA weit verbreitet sind, ist also grundsätzlich von ihrer Verwendung in wirtschaftlichen Bereichen abzuraten, und ihr Nutzen sollte, wenn überhaupt vorhanden, genauso oder besser mit Dimensionsansätzen zu erreichen sein: „Typentests eignen sich für eine rudimentäre, auf wenige Persönlichkeitsmerkmale beschränkte Analyse des Selbstbildes einer Person." (Becker, 2014b, S. 21).

Auch im klinischen Bereich wurde festgestellt, dass dimensionale Beschreibungen der Persönlichkeit bessere Prädikatoren für psychische Krankheiten sind (Crump & Furnham, 2005, S. 182-184). Trotz der genannten Kritikpunkte könnten im Berufsalltag auch typologische Ansätze beschränkt nützlich sein. Besonders zur alltäglichen Vereinfachung und zur Ermöglichung einer standardisierten Diskussion von Persönlichkeit können Typenansätze verwendet werden (Becker, 2014b, S. 72-73).

„Big Five" Tests können beispielsweise zur persönlichkeitsgerechten Verteilung der Arbeitslasten oder zum Anbieten personalisierter Fortbildungsmöglichkeiten herangezogen werden. Eine Person mit niedrigen Werten der Gewissenhaftigkeit sollte beispielsweise nicht unbedingt an der Steuereinheit eines Kernkraftwerks sitzen. Eine stark extrovertierte Persönlichkeit könnte einem Verkäufer bei der Kundenakquise weiterhelfen. Jedoch sind auf Grund ihres Umfangs auch die „big five" Tests zu kritisieren: „Die(se) Bandbreitenerfassung geht auf Kosten der Tiefe und Präzision bei der Vorhersage von spezifischem Verhalten." (Becker, 2014b, S. 73).

Wegen den vergleichsweise geringen Kosten, der einfachen Durchführung und ihrer durchaus vorhandenen Voraussagekraft für berufliche Erfolgskriterien werden standardisierte Persönlichkeitstests wohl auch weiterhin ein fester Bestandteil der Personalauswahl und -entwicklung bleiben. Es wäre wünschenswert, in vielen Unternehmen an Stelle des auf Jungs Typenlehre basierenden MBTI einen wissenschaftlich fundierten „Big Five" Ansatz einzuführen.

Literaturverzeichnis

Adler, S., Kaiser, R. B. & Chamorro-Premuzic, T. (2017). *What Science Says About Identifying High-Potential Employees.* Zugriff am 01.02.2019 unter https://hbr.org/2017/10/what-science-says-about-identifying-high-potential-employees#

Allport, G. W. & Odbert, H. (1936). Trait names: A psycholexical study. *Psychological Monographs, Ausgabe 47*, S. 1-171. doi: 10.1037/h0093360

Amelang, M., Bartussek, D., Hagemann, D. & Stemmler, G. (2011). *Differentielle Psychologie und Persönlichkeitsforschung* (7. Auflage). Kohlhammer: Stuttgart

Asendorpf, J. B. (2004). *Psychologie der Persönlichkeit* (3. Auflage). Berlin: Springer.

Asendorpf, J. B. (2015). *Persönlichkeitspsychologie für Bachelor* (3. Auflage). Berlin: Springer.

Barlow, C. M. (2000). *Guilford's Structure of the Intellect.* Zugriff am 02.02.2019 unter http://www.cocreativity.com/handouts/guilford.pdf

Becker, B. (2014a). *Grundlagen der Differentiellen und Persönlichkeitspsychologie,* 1. Auflage, Studienbrief der SRH Fernhochschule, Riedlingen.

Becker, B. (2014b). *Praxisfelder der Differentiellen und Persönlichkeitspsychologie,* 1. Auflage, Studienbrief der SRH Fernhochschule, Riedlingen.

Cervone, D., John, O. P. & Pervin, L. A. (2005). *Persönlichkeitstheorien* (5. Auflage). Ernst Reinhardt: München

Crump, J. & Furnham, A. (2005). Personality traits, types, and disorders: an examination of the relationship between three self-report measures. *European Journal of Personality, Ausgabe 19*, S. 167-184. doi:10.1002/per.543

Grant, A. (2014). *Emotional Intelligence Is Overrated.* Zugriff am 03.02.2019 unter https://www.linkedin.com/pulse/20140930125543-69244073-emotional-intelligence-is-overrated/

Killgore, W. D. S. (2010). Effects of sleep deprivation on cognition. *Progress in Brain Research, Ausgabe 185*, S. 105-129. doi:10.1016/B978-0-444-53702-7.00007-5

Lounsbury, J. W. & Ridgell, S. D. (2004). Predicting Academic Success: General Intelligence, "Bigfive" Personality Traits, and Work Drive. *College Student Journal, Ausgabe 38*, S. 607–618.

Sackett, P. R & Walmsley, P. T. (2014). Which Personality Attributes Are Most Important in the Workplace? *Perspectives on Psychological Science, Ausgabe 9*, S. 538-551. DOI: 10.1177/1745691614543972

Williams, R. H., Zimmerman, D. W., Zumbo, B. D. & Ross, D. (2003). Charles Spearman: British Behavioral Scientist. *Human Nature Review, Ausgabe 3*, S. 114–118